Finanzielle Freiheit

So werden Sie unabhängig und frei!

I0490517

MICHAEL STEINER

INHALTSVERZEICHNIS

MICHAEL STEINER

Vorwort

Das Jahr 2023 ist von mehreren Unsicherheiten geprägt und viele Menschen straucheln bereits angesichts der stark steigenden Preise für Energie und Lebensmittel. Auch gibt es zunehmend Bedenken hinsichtlich der finanziellen Sicherheit im Alter. Doch es ist nie zu spät, sich Gedanken um den Aufbau eines ausreichend großen Finanzpolsters zu machen, um sich möglichst früh einen angenehmen Lebensabend zu machen.

In diesem Buch finden Sie wichtige persönliche Finanztipps für das Jahr 2023, die Ihnen einen konsequenten Vermögensaufbau ermöglichen. Mit einem entsprechenden Willen und natürlich auch etwas Glück können Sie bereits mit ein paar kleinen Veränderungen in ihrem tagtäglichen Leben und ein paar geschickten Investments in zehn, fünfzehn Jahren eine bequeme Rücklage mit guten Renditen schaffen und vielleicht sogar in zwanzig bis fünfundzwanzig Jahren Ihren Traum von völliger finanzieller Unabhängigkeit erfüllen.

Aus meiner persönlichen Erfahrung kann ich sagen, dass sich Beharrlichkeit auszahlt und man sich auch von kleineren Rückschlägen nicht entmutigen lassen darf. Wichtig ist es insbesondere, sich Zwischenziele zu setzen und sich in seinen Plänen so auch eine Art "Treppe zum finanziellen Traum" zu basteln. Setzen Sie sich Ziele für die jeweils nächsten zwei, fünf, zehn, fünfzehn und auch zwanzig oder fünfundzwanzig Jahren. Wo wollen Sie bis dahin stehen? Was wollen Sie bis dahin finanziell erreichen?

Gerade die jüngeren Generationen (jene, die heute in ihren Zwanzigern, Dreißigern und Vierzigern sind) haben es in Bezug auf den Vermögensaufbau deutlich schwieriger als ihre Elterngenerationen. Dies zeigen auch viele Studien aus Europa und Nordamerika. Dennoch gibt es noch genügend Optionen und Möglichkeiten, sich von der Masse zu unterscheiden und seines eigenen Glückes Schmied zu werden.

Aus meinen eigenen, persönlichen Erfahrungen heraus kann ich sagen: Die ersten 100.000 Euro an Investmentkapital sind die schwierigsten. Doch wenn man diese Schwelle erst einmal überschritten hat, geht es bereits etwas leichter. Noch einfacher wird es ab etwa einer halben Million Euro. Nicht umsonst heißt es, dass Geld dahin fließt wo schon welches vorhanden ist. Denn mit einem entsprechenden Sicherheitspolster kann man beispielsweise auch günstige Kredite für Investitionen mit besseren Renditen erhalten. Im Grunde genommen genau das, was viele Unternehmen auch machen.

Bedenken Sie allerdings, dass sämtliche Finanztipps in diesem Buch selbstverständlich ohne Gewähr sind. Weiters bin ich persönlich nicht in Interessenkonflikte diesbezüglich verwickelt. Das heißt: Ich habe keine finanziellen Vorteile daraus, wenn Sie diesen Tipps, Ratschlägen und Ideen folgen. Mir persönlich ist es nur wichtig, dass noch mehr Menschen ihren Traum von der finanziellen Freiheit verwirklichen können, anstatt bis zum Rentenantritt sich wöchentlich vierzig und mehr Stunden abzurackern und dann mit einer Minimalrente abgespeist zu werden, bevor man dann wenige Jahre später das Zeitliche segnet.

Wagen Sie den Schritt in die finanzielle Unabhängigkeit und bereiten Sie sich darauf vor, noch in einem guten Alter mit guter Gesundheit in den Ruhestand zu gehen und das Leben ohne Reue zu genießen. Denn wie oft habe ich von Leuten aus meiner Elterngeneration gehört, dass man im Ruhestand dann herumreisen und das Leben genießen möchte. Doch sind wir uns einmal ehrlich: Mit 65 Jahren und älter werden Reisen immer anstrengender und nicht selten leidet ja auch schon die Gesundheit. Für solche Abenteuer fehlt dann einfach oftmals die Energie.

Glauben Sie mir, je früher Sie damit anfangen, sich Gedanken um Ihre zukünftige finanzielle Situation zu machen, desto leichter wird es auch für Sie. Und es gibt wirklich viele Möglichkeiten, wie man sich bereits in den Vierzigern oder in den Fünfzigern in den vorzeitigen Ruhestand verabschieden kann. Und das natürlich ohne dabei irgendwelche gravierende finanziellen Einbußen verkraften zu müssen. Wichtig ist nur, dass man wirklich konsequent vorgeht. Und Sie können das ebenfalls schaffen.

Und vergessen Sie bitte nicht, dass bei all Ihren Planungen und Unternehmungen auch Rückschläge dazu gehören. Lassen Sie sich davon nicht entmutigen und sehen Sie diese als Erfahrungen an. Wie wir wohl alle wissen, kennt auch die Börse ihre Bewegungen nach oben und nach unten. Dies wird auch vorkommen, wenn Sie an Ihrem Vermögensaufbau arbeiten. Doch wie sagt man so schön: man soll kaufen wenn der Preis niedrig ist und verkaufen, wenn er neue Höhen erreicht hat.

Ich will Ihnen in diesem Buch auch nicht über hunderte Seiten hinweg erklären, was Sie tun sollen und was nicht. Mir geht es um wirkliche Praxistipps, Hinweise und Möglichkeiten, die Sie nutzen können. Und dafür will ich Ihnen auch nicht Unsummen aus der Tasche ziehen, sondern ein handliches Büchlein präsentieren, das Ihnen tatsächlich etwas weiterhilft.

Ihr,

Michael Steiner

Verstehen Sie, wohin Ihr Geld fließt

Das Wichtigste zuerst: Sie müssen wissen, wohin Ihr Geld fließt. Ich sage dazu gerne: „Nutzen Sie die Sonnenlicht-Methode." Es gibt ein altes Sprichwort, das besagt: „Sonnenlicht ist das beste Desinfektionsmittel." Ursprünglich bedeutete es, dass Korruption beseitigt wird, wenn man die Öffentlichkeit auf sie aufmerksam macht. Allerdings hat es sich mittlerweile dahingehend erweitert, dass man etwas verbessern kann, wenn man es in das helle Licht des Tages stellt und es sich genau ansieht. Nur so erkennt man auch, wo man etwas verbessern kann. Da muss man auch wirklich ganz schonungslos sein.

Die Forschung zeigt, dass wir dazu neigen, unser Verhalten zu ändern, wenn wir uns bewusst sind, dass wir beobachtet werden. Das gleiche Prinzip gilt für Ihr Geld. Setzen Sie Ihre Ausgaben ins Sonnenlicht und beobachten Sie sich selbst. Werfen Sie einen Blick auf Ihren Kontoauszug und sehen Sie, was Ihnen auffällt. Schauen Sie, wo Sie Ihre Ausgaben kürzen können – vielleicht waren die wöchentlichen Lieferungen an Essen nicht so befriedigend, oder der neue Mantel war das Preisschild nicht wert. Setzen Sie Prioritäten zwischen Ihren Bedürfnissen und Ihren Wünschen – gehen Sie Ihre Liste durch und hinterfragen Sie jede Ausgabe. Und ich meine damit wirklich jede Ausgabe die Sie haben.

Das heißt auch: Wenn Sie rauchen, hören Sie damit auf. Starke Raucher geben jeden Monat 200 bis 400 Euro für Zigaretten bzw. Tabak aus. Damit lassen sich allerdings schon gute Investments starten. Wer jedes Wochenende ausgeht um zu feiern, lässt auch ein paar hundert Euro monatlich dabei liegen. Warum beschränken Sie es nicht einfach auf ein Wochenende im Monat? Niemand möchte Ihnen ihre Freizeit verdrießlich machen, doch selbst wenn Sie in diesem Bereich nur 200-250 Euro pro Monat einsparen, ist das schon eine Menge Geld.

Rechnen Sie es einfach mal für sich selbst durch oder notieren Sie sich für 2-3 Monate lang einfach die ganzen Ausgaben, die Sie für solche Dinge haben. Dann fragen Sie sich selbst, ob Sie tatsächlich weiterhin diese Summen dafür ausgeben wollen, oder das Geld nicht lieber in Ihre Zukunft investieren.

Dasselbe gilt für den Einkauf im Supermarkt. Machen Sie sich eine Einkaufsliste und halten Sie sich daran. Und nicht nur das: Gehen Sie niemals mit leerem Magen einkaufen. Denn unabhängig davon, was Sie sich auf Ihre Einkaufsliste schreiben, werden Sie höchst wahrscheinlich noch irgendwelche „Lustkäufe" machen. Auch das sorgt für unnötige Ausgaben.

Gleichzeitig können Sie gerade bei Waren die Sie ohnehin öfter brauchen und länger haltbar sind (z.B. Nudeln, Reis, Mehl, Zucker, Speiseöl, Kaffee...) bei Aktionsangeboten und vergünstigten Großpackungen zuschlagen und etwas mehr auf Vorrat kaufen. Auch ist es ratsam, gerade beim Kochen flexibel zu sein und die jeweiligen Gerichte entsprechend den jeweiligen Wochenangeboten in den Supermärkten auszurichten. Damit kann man sich über die Monate und Jahre hinweg durchaus sehr viel Geld einsparen, ohne wirklich auf etwas verzichten zu müssen.

Überdenken Sie Ihr Budget

Vergleichen Sie Ihre Ausgaben von Monat zu Monat, und nehmen Sie sich einen Tag im Monat Zeit, um Ihre Finanzen zu überprüfen. Denken Sie nicht einmal daran, diesen Tag ausfallen zu lassen! Seien Sie bereit, Ihr Budget wirklich regelmäßig zu analysieren und dann auch zu optimieren.

Es gibt viele Faktoren, die darauf hindeuten, dass es an der Zeit ist, Ihr Budget neu zu überdenken. Geht Ihnen zwischen den Gehaltsüberweisungen schon mal das Geld aus? Haben Sie eine zusätzliche Ausgabe vergessen? Haben Sie neue Prioritäten gesetzt? Haben Sie eine Gehaltserhöhung erhalten und wollen Sie Ihr Geld sinnvoll ausgeben? Wenn Ihnen etwas davon bekannt vorkommt, ist es vielleicht an der Zeit, Ihr Budget zu überdenken.

Mit einem Haushaltsbuch lässt es sich dabei gut überprüfen, wohin das Geld - und wieviel davon - fließt. Nackte Zahlen können dabei helfen, Einsparpotentiale zu finden. Und glauben Sie mir, da finden sich immer wieder welche. Zum Beispiel fällt Ihnen auf, dass sie irgendwelche Abos (Netflix, AmazonPrime usw.) eigentlich ohnehin kaum nutzen und abbestellen können, oder irgendwelche Mikrozahlungen für Spiele am Smartphone, die eigentlich gar nicht notwendig wären.

Denken Sie an das altbekannte Sprichwort „Kleinvieh macht auch Mist". Nur durch regelmäßige Überprüfungen Ihres Budgets können Sie all dieses „Kleinvieh" erkennen und entsprechende Schritte unternehmen. Zwanzig mal zwei Euro für solche Kleinigkeiten sind auch schon vierzig Euro monatlich oder 480 Euro im Jahr. In zehn Jahren können dies bei guten Investments schon mal 6.000 bis 7.000 Euro sein, die nur deshalb nicht vorhanden sind. Deshalb ist es auch wichtig, solches „Kleinvieh" ebenfalls im Haushaltsbuch anzuführen.

Eröffnen Sie ein hochverzinsliches Sparkonto

Bankkonten sind die Grundbausteine der finanziellen Mobilität - und im Durchschnitt neigen wir dazu, ihnen nicht viel Beachtung zu schenken. Das sollten wir aber: Immerhin hat jeder deutsche Haushalt im Durchschnitt um die 20.000 Euro an Spareinlagen. Wobei man allerdings auch sagen muss, dass viele Haushalte über gar keine Ersparnisse und finanzielle Reserven verfügen, so dass diese statistischen 20.000 Euro für viele Menschen nicht die Realität darstellen. Doch das Ziel dieses Buches ist es auch, dies zu ändern und mehr Menschen die Möglichkeit zu geben, ebenfalls ausreichende finanzielle Reserven für die Zukunft aufzubauen.

Wir eröffnen ein Girokonto, wo unser Gehalt eingeht und von wo aus wir unsere Rechnungen bezahlen können. Und vielleicht eröffnen wir auch ein Sparkonto, damit wir etwas Geld für die Zukunft beiseite legen können. Aber ein Sparkonto kann viel mehr sein als nur ein Aufbewahrungsort für Ihr Geld – wenn Sie das richtige Konto haben. Hochverzinsliche Sparkonten können Ihnen tatsächlich helfen, Ihr Geld in einem anständigen Tempo zu vermehren – oder wenigstens die mittlerweile durchaus schon sehr hohe Inflation zumindest weitestgehend auszugleichen.

Wenn Sie beispielsweise 5.000 bis 10.000 Euro auf der hohen Kante haben, aber angesichts der aktuellen Unsicherheiten auf den Weltmärkten wegen der Energie- und Ukrainekrise etwas mit riskanteren Investitionen warten möchten, bietet sich hier ein Festgeldkonto an. Zwischen 2,5 und 3,0 Prozent für ein Jahr sind dabei drin. Das ist zwar angesichts der anhaltend hohen Teuerungsrate nicht besonders viel, doch auf dem Girokonto versauert es bei 0,x Prozent noch deutlicher.

Doch in Sachen Tages- und Festgeldkonten gilt in Deutschland eine Grundregel: Kleine Banken zahlen oftmals höhere Zinsen als die großen Kreditinstitute. Hier kann es sich durchaus lohnen, sich die Angebote anzusehen zu vergleichen. Bei 5.000 Euro können das schon mal 20 bis 40 Euro Unterschied sein. Und auch hier gilt: Kleinvieh macht auch Mist, vergessen Sie das nicht.

Im Großen und Ganzen eignen sich die höher verzinsten Festgeldkonten vor allem dafür, etwas größere Summen für ein Jahr zwischen zu parken und die Zwischenzeit dafür zu nutzen, weiteres Geld für größere Investitionen zu sparen. Ich persönlich nutze solche Konten gerne dafür, weil ich mir dabei sicher sein kann, nach zwölf Monaten eine bestimmte Summe frei verfügbar zu haben, ohne das Risiko von Kursverlusten zu dieser Zeit (wie z.B. bei Aktien oder Fonds) eingehen zu müssen. Vereinfacht gesagt: Sie wissen, wie viel Geld Sie wann wieder zur freien Verfügung haben.

Automatisieren Sie Ihre persönlichen Finanzen

Es ist an der Zeit, dass jemand anderes die schwere Arbeit übernimmt. Gemeint sind damit Finanz- und Anlage-Apps, die eine Reihe von Tools auf Ihrem Computer, Smartphone oder Tablet vereinen. Sie machen das Sparen und die Budgetierung nahtlos mit spielerischen, automatisierten Tools, die Ihnen helfen, Ihr Geld zu organisieren.

Damit können Sie, sobald Sie Ihre finanziellen Ziele festgelegt haben, Ihre Bemühungen, diese zu erreichen, automatisieren. Das bedeutet, dass Sie sich nur eine kurze Zeit lang gut benehmen müssen, und danach läuft alles auf Autopilot. Sie werden auf Ihre finanziellen Wellness-Ziele hinarbeiten, ohne auch nur zweimal darüber nachdenken zu müssen!

Vieles geht ohnehin schon automatisch mit Abbuchungsaufträgen von Ihrem Girokonto, doch verschiedene Applikationen können dabei ebenfalls helfen. Zudem erhalten Sie dadurch stets einen guten Überblick, so dass Sie sich stets ohne großen Zeitaufwand ein Bild machen können.

Das Schöne daran ist, es verschiede Investment-Apps gibt, die Sie je nach Bedarf nutzen können. Und wenn Sie Kinder haben, können Sie bereits jetzt damit anfangen, ebenfalls für Sie zu investieren. Und das Schöne daran ist: Sie können dies bereits mit kleinen monatlichen Beiträgen machen. Wozu also das Geld Ihrer Kinder auf Sparbüchern zu Mickrig-Zinsen versauern lassen, wenn es auch anders geht und Sie so für Ihren Nachwuchs einen Grundbaustein für deren zukünftigen finanziellen Erfolg setzen können?

Nehmen wir einmal beispielsweise an, Sie investieren über eine solche Applikation nur 250 Euro im Monat in 3-4 verschiedene Fonds (zur Risikostreuung, in verschiedenen Marktsegmenten und Ländern; Aktien und Anleihen). Das sind 3.000 Euro im Jahr. Wenn wir jetzt (als Milchmädchenrechnung) einfach einmal annehmen, dass diese Fonds im Schnitt fünf Prozent Rendite abwerfen, besitzen Sie nach zehn Jahren bereits rund 40.000 Euro. Nach 20 Jahren sind es bereits mehr als 100.000 Euro. Und das nur, weil Sie Ihre Investments allein in diesem Bereich entsprechend automatisiert haben. Bedenken Sie aber, dass es in Sachen Fonds und Rendite durchaus große Unterschiede gibt und Sie unter Umständen Dank einer klugen Investmentstrategie sogar deutlich mehr Geld herausholen können.

Visualisieren Sie Ihre Ziele

Visualisierung ist die Praxis, sich vorzustellen, was man in der Zukunft will, und sie ist eine mächtige Taktik, wenn es darum geht, Geld zu sparen. Denken Sie an ein bestimmtes Ziel – worauf arbeiten Sie hin? Für manche ist es ein kleineres, kurzfristiges Ziel, wie z. B. die Anschaffung eines preiswerten Laptops für die Universität, für andere ist es ein viel größeres, langfristiges Ziel, wie z. B. die finanzielle Unabhängigkeit zu erreichen.

Setzen Sie sich kurz-, mittel- und langfristige finanzielle Ziele und stellen Sie sich vor, wie Sie dorthin gelangen und welche Kompromisse Sie auf dem Weg dorthin eingehen müssen. Sie können viele verschiedene Optionen ausprobieren, bis Sie eine Strategie gefunden haben, die für Sie funktioniert, aber ein konkretes Ziel vor Augen zu haben, wird Sie dazu motivieren, jeden Tag auf dieses Ziel hinzuarbeiten.

Wie ich schon in der Einleitung kurz ansprach, ist die Zielsetzung (ich vergleiche dies gerne mit Stufen auf Jahresbasis) eine ganz wichtige Sache. Setzt man sich nur ein langfristiges Ziel (oder mehrere solcher langfristigen Ziele), verliert man es mit der Zeit irgendwie aus den Augen – oder man hört mangels Erfolgserlebnissen damit auf, konsequent daran weiterzuarbeiten. Deshalb sind diese kleinen Zwischenziele, die einzelnen Stufen auf der Treppe, enorm wichtig.

Und ja, manchmal erreicht man bestimmte Zwischenziele nicht (oder nicht ganz), doch das gehört dazu. Dann kalibriert man die ganzen Zielsetzungen neu. Jeder Unternehmer setzt sich bestimmte geschäftliche Ziele und muss diese auch immer wieder neu kalibrieren, weil sich beispielsweise die Marktumstände geändert haben oder eine „höhere Gewalt" interferiert.

Auch wird man mit der Zeit erkennen, dass manche Zielsetzungen etwas zu optimistisch gesetzt wurden oder bestimmte Investmentstrategien nicht das brachten, was man sich erwartet hat. Andererseits kann es sein, dass man zwischendurch ein besonders gutes Angebot findet (oder z.B. etwas erbt) und die Möglichkeit hat, etwas Geld umzuschichten. Dennoch ist die beste Motivation, wenn man sich wirklich greifbare Zwischenziele setzt und diese auch durch konsequentes Handeln erreicht.

Starten Sie mit Ihrer Altersvorsorge

Geht es nach den verantwortlichen Politikern, sollen wir alle bis zum 67. Lebensjahr (und besser noch darüber hinaus) arbeiten, um möglichst wenig Zeit im Altersruhestand zu verbringen. Doch so wie die Zeichen derzeit stehen, wird es in Sachen staatlicher Altersversorgung nicht wirklich besser. Weder in Deutschland (mit einer im europäischen Vergleich ohnehin schon sehr niedrigen Rente) noch in Österreich. Also sollte man sich selbst darum kümmern.

Und seien wir uns doch einmal selbst ganz ehrlich: Wollen Sie wirklich bis ins Alter von 67 Jahren arbeiten (sofern Sie in dem Alter überhaupt noch einen Arbeitsplatz haben), nur um dann mit einer mickrigen Rente noch vielleicht 5 bis 10 Jahre Ihren Lebensabend zu verbringen?

Ich für meinen Teil habe das noch nie für erstrebenswert geachtet, sondern mich schon relativ früh entsprechend darum gekümmert. Zwar könnte ich mich schon jetzt, Mitte 40, in den Ruhestand verabschieden – doch noch will ich etwas tun und meinen Kindern ein Vorbild sein. Sie sollen nicht mit dem „Silberlöffel" aufwachsen, sondern lernen, wie man sich um eine gute finanzielle Absicherung kümmert. Dies macht man am Besten, indem man ihnen das auch vorlebt.

Bedenken Sie, dass Sie mit dem Antritt der Rente (bzw. Pension) einen spürbaren Schnitt beim Einkommen haben werden. Sollten Sie vor Erreichen des regulären Rentenantrittsalters beziehungsweise ohne ausreichende Versicherungsjahre in den Vorruhestand gehen, brauchen Sie entsprechend umfangreiche Rücklagen und im Idealfall auch einen wirklich ausreichenden Fluss an Renditen, Dividenden und Zinsen, um diese finanzielle Lücke auszugleichen.

Im besten Fall sollte das finanzielle Polster sogar so groß sein, dass Sie auch in Bezug auf die Krankenversicherung höhere Beiträge mit Leichtigkeit stemmen können. Vielleicht möchten Sie ja Ihren Lebensabend lieber in einem tropischen Paradies verbringen und müssen sich dann eben privat entsprechend absichern. Doch das kostet entsprechend Geld, welches Sie zusätzlich verdienen müssen.

Rechnen Sie sich einfach mal in etwa aus, wie viel Geld Sie mit z.B. 50, 55 oder 60 Jahren auf der hohen Kante haben müssen, um damit auch ohne staatliche Rentenzahlungen problemlos bis zu Ihrem 80. Geburtstag durchzukommen. Dann haben Sie auch ein wirklich gutes Polster. Angenommen, Sie möchten bereits mit 50 Jahren in den vorzeitigen Altersruhestand gehen und rechnen mit 2.500 Euro monatlich, die Sie zur Verfügung haben wollen. Das wären dann etwa 900.000 Euro (natürlich etwas weniger, weil die Investments ja weiterhin Rendite abwerfen, auch wenn man regelmäßig davon etwas abzieht).

Nun werden Sie sagen: „Oh, 900.000 Euro ist ein ordentlicher Batzen!". Ja, das ist es. Aber es geht auch anders. Wenn man beispielsweise eine halbe Million Euro in lukrative Investments gesteckt hat, die (netto) jährlich etwa fünf Prozent Rendite abwerfen, hat man bereits 25.000 Euro pro Jahr zur Verfügung. Damit sind zehn Monate abgedeckt. Die restlichen 30 Jahre verbrauchen dann „nur" noch 150.000 Euro an Geldern, die man z.B. auf hochverzinslichen Tages- und Festgeldkonten parkt, um davon zu leben. Und dazu kommt dann noch die Rente aus der Rentenkasse, so dass man selbst bei nur 500 bis 700 Euro aus dieser Quelle ein angenehmes Leben führen kann.

Machen Sie sich also Ihre Gedanken darüber, wie Sie an ein entsprechendes Ziel gelangen können. Und wenn es Ihnen nur darum geht, zusätzlich zur gesetzlichen Rente monatlich noch 1.000 bis 1.500 Euro zu haben - Sie können es schaffen!

Suchen Sie Einsparpoteniale bei Ihren laufenden Kosten

Es gibt verschiedene Wege, das für Investitionen und Anlagen monatlich frei verfügbare Kapital zu vergrößern. Neben den alltäglichen Kosten (Lebensmittel, Gebrauchsmittel, auswärts essen usw.) gehören auch die monatlichen Fixkosten dazu. Auch hier gibt es viele Optionen, um die Ausgaben zu reduzieren und trotzdem nichts an Lebensqualität einzubüßen.

Auch wenn der Wohnungsmarkt in vielen Teilen Deutschlands und Österreichs ein teures Pflaster geworden ist, sollte man als Mieter dennoch immer wieder nach Möglichkeiten für eine günstigere Wohnung suchen. Manchmal kann eine z.B. 200 bis 300 Euro günstigere Wohnung auch dann sinnvoll sein, wenn man dafür ein paar Kilometer weiter zur Arbeit fahren muss. Da muss man sich von Fall zu Fall ausrechnen, ob sich das (auch bei etwas steigenden Spritkosten) lohnt. Manchmal kann es auch sinnvoll sein, ganz auf das eigene Fahrzeug zu verzichten und stattdessen (je nach Verbindung zur Arbeit und zu den Supermärkten) auf öffentliche Verkehrsmittel zu setzen.

Apropos Auto: Wenn es wirklich nicht ohne eigenes Auto geht, fährt man mit einem Kleinwagen auf Dauer deutlich günstiger. Ein kleines Auto kostet bei einer durchschnittlichen Nutzung monatlich etwa 200-250 Euro, ein Mittelklassewagen schon eher 400-450 Euro. Hinzu kommt, dass ein Neuwagen (Wertverlust!) zumeist eine eher schlechte Investition ist. Ein gut gewarteter Gebrauchtwagen, den man auch ohne größere Reparaturanforderungen noch drei bis fünf Jahre lang fahren kann, kann da durchaus einen gewichtigen Unterschied ausmachen.

Vergleichen Sie zudem auch regelmäßig die Angebote der zur Verfügung stehenden Strom-, Gas-, Telefon- und Internetanbieter. Selbst für Ihr Girokonto können Sie anhand von Vergleichsportalen (nutzen Sie immer mindestens zwei oder drei, um tatsächlich auf dem neuesten Stand zu sein) durchaus interessante Angebote finden. Sie ahnen ja nicht, was diese „peanuts" im Laufe der Zeit ausmachen können!

Schaffen Sie sich ein passives Einkommen

Was ist eigentlich ein passives Einkommen? Ein passives Einkommen ist Geld, das Sie verdienen, ohne dass Sie viel „aktive" Arbeit dafür leisten müssen, um es weiterhin zu verdienen. Im Grunde genommen können Sie die meiste Arbeit im Voraus erledigen und im Laufe der Zeit einige zusätzliche Anstrengungen unternehmen, um ein Einkommen zu erzielen. Wenn Sie zum Beispiel einen Online-Kurs erstellen, müssen Sie nur zwischendurch immer wieder den Inhalt aktualisieren, damit das Geld auch weiter fließt. Das sind solche Kleinigkeiten die nicht viel Zeit in Anspruch nehmen, aber sich durchaus auch längerfristig auszahlen können.

Sie haben sehr wahrscheinlich schon einmal den Ausdruck „Geld im Schlaf verdienen" gehört. Das ist der größte Anreiz, der Menschen dazu verleitet, ein passives Einkommen zu erzielen. Sie können etwas erstellen (einen Blog, einen Kurs, ein E-Book, Videos, Fotos, digitale Produkte oder auch einen Online-Shop), das Geld einbringt, auch wenn Sie nicht arbeiten. Oder Sie können in passive Einkünfte investieren (Immobilien, Anleihen oder Aktien), die es Ihnen ermöglichen, passiv zu verdienen. Allerdings brauchen Sie für die letzteren Optionen bereits ein gewisses Grundkapital, damit sich da auch monatlich entsprechend eine schöne Summe zusammenläppert.

Aktives Einkommen vs. passives Einkommen: Was ist das Beste für mich? Theoretisch haben alle Ihre Einkommensquellen das gleiche Gewicht. Geld ist Geld, egal woher es kommt. Aber wenn es darum geht, finanzielle Freiheit zu erreichen, stellt das passive Einkommen auf jeden Fall das aktive Einkommen ganz klar in den Schatten. Warum das so ist, erkläre ich Ihnen an dieser Stelle.

Aktives Einkommen ist das Geld, das aus all den Anstrengungen entsteht, die Sie derzeit unternehmen. Und Sie müssen weiterarbeiten, wenn Sie weiterhin Ihren Lebensunterhalt verdienen wollen. Wenn Sie aufhören, werden Sie nicht bezahlt. Ihre Zeit ist buchstäblich gleich Geld. Das ist eine einfache Gleichung. Dabei spielt es keine große Rolle, ob Sie für jemanden arbeiten oder auch als Unternehmer selbstständig sind. Ohne die tagtägliche Arbeit verdienen Sie kein Geld.

Und dann haben Sie ein passives Einkommen. Ein Einkommen, für das Sie nicht aktiv arbeiten müssen. Und das Geld fließt über viele Jahre hinweg weiter. Wenn Sie sich ein Traumleben aufbauen wollen, in dem Sie finanziell frei sind, ist es vielleicht besser, wenn Sie sich auf die Schaffung von passiven Einkommensquellen konzentrieren. Denken Sie daran, dass Sie zwar mit geringen Investitionen einen passiven Einkommensstrom aufbauen können, dass Sie aber insgesamt betrachtet nicht weniger Engagement zeigen als jemand, der seine Zeit investiert. Es gibt eben verschiedene Wege, um dann schlussendlich doch noch ans Ziel zu gelangen.

Um ein passives Einkommen zu erzielen, das mit dem Einkommen aus aktiver Arbeit vergleichbar ist, muss man im Vorfeld eine Menge Arbeit und Zeit investieren. Wie heißt es so schön: Von Nichts kommt Nichts. Doch das wirklich Schöne an der Schaffung von passiven Einkommensquellen ist, dass man dies eigentlich so ganz nebenbei machen kann und sich selbst damit auch nicht wirklich stressen muss. Dennoch kostet das Ganze auch seine Zeit und gegebenenfalls einige kleinere Investitionen, um damit starten zu können.

Und natürlich gibt es viele verschiedene Wege, sich ein passives Einkommen zu schaffen. Schlussendlich liegt es an Ihnen, welche Optionen Sie für sich nutzen wollen. Und nicht nur das: Stellen Sie sich vor, Sie schaffen sich ganz nebenbei drei oder vier solcher passiver Einkommensquellen und nutzen diese, um Ihre Investitionen – beispielsweise für Aktienfonds oder Mietobjekte – zu vergrößern. Hier ein Beispiel:

Stellen Sie sich doch einfach einmal vor, Sie bauen sich über Dropshipping (z.B. mit AliExpress, Shopify, Etsy, Amazon & Co) einen eigenen kleinen Marktplatz auf, den Sie mit ein paar Stunden Aufwand pro Woche betreuen. Dieser wirft mit der Zeit beispielsweise monatlich 200 Euro ab. Dann nehmen Sie sich noch die Zeit, schreiben ein paar eBooks (kochen Sie gerne? Warum nicht Kochbücher!) und publizieren diese auf Plattformen wie Amazon, Thalia & Co und verdienen darüber auch noch 200 Euro monatlich.

Das wären schon 400 Euro zusätzlich, die jeden Monat auf Ihrem Konto eingehen, ohne dass Sie dafür fünf Tage die Woche jeweils acht Stunden dafür arbeiten müssten. Knapp 5.000 Euro in einem Jahr nebenbei zu verdienen ist keine schlechte Sache, nicht? Manche Leute verdienen damit bereits monatlich im vierstelligen Bereich für ein paar Stunden Arbeit im Monat. Wobei Sie allerdings nicht vergessen sollten, diese Einkommen in Ihrer Steuererklärung anzugeben.

Wenn Sie ein Talent zum filmen haben, können Sie beispielsweise Ihre Videos bei Newsflare hochladen und so nebenbei Geld mit Ihrem Hobby verdienen. Auch über einen eigenen YouTube-Channel kann man sich mit interessanten Videos ein Nebeneinkommen schaffen. Allerdings verlangt die Google-Tochter einige Mindestanforderungen in Bezug auf Abonnenten und gesehene Zeit, so dass man nicht aus dem Nichts heraus schon von Anfang an damit Geld verdienen kann. Dann gibt es noch die Möglichkeit, mit Fotos Geld zu verdienen. Diverse bekannte Stockfoto-Seiten können hier eine sehr gute Option sein.

Eine andere Möglichkeit in Sachen passives Einkommen schaffen wäre auch der Aufbau eines Blogs. Vielleicht haben Sie ein bestimmtes Talent (z.B. wenn Sie gerne kochen oder backen, oder in Sachen Technik usw.). Mit etwas Werbung (Google AdSense ist darauf, Affiliate-Links oder auch Abomodellen für tolle, wissenswerte Inhalte, können Sie auch mit recht wenig zeitlichem Aufwand nebenbei noch gutes Geld verdienen. Ich habe selbst mehrere Blogs betrieben und weiß, dass dies eine interessante Möglichkeit ist.

Achten Sie allerdings darauf, dass Sie mindestens 2-3 Beiträge pro Woche veröffentlichen, um die Seite so auch für Google relevant zu halten. Und natürlich sollten Sie Ihre Artikel auch auf Plattformen wie Facebook oder Twitter teilen, um den Bekanntheitsgrad ihres Blogs und die Zahl der Seitenaufrufe zu zu erhöhen. Dies sorgt dafür, dass Ihr Einkommen daraus ebenfalls wächst.

Wenn Sie diese Einnahmen dann beispielsweise dafür verwenden, in dividendenstarke und zukunftssichere Aktien zu investieren, können Sie damit Ihr passives Einkommen sogar noch erweitern. Unter Umständen reichen diese zusätzlichen Einkommen sogar soweit aus, dass Sie sich damit eine Wohnung (und später vielleicht sogar mehrere Wohnungen) kaufen und diese vermieten.

Was gibt es Schöneres, als 20-25 Jahre später drei oder vier komplett abbezahlte Wohnungen zu besitzen, die man vermietet und so einen ständigen Fluss an passivem Einkommen erzielt? Mit vier Wohnungen die zum Beispiel jeweils 750 Euro abwerfen, hat man schon 3.000 Euro im Monat zur freien Verfügung. Damit lässt es sich durchaus leben, nicht?

Wie Sie also sehen, gibt es viele interessante Möglichkeiten, sich mit (vergleichsweise) wenig Aufwand ein passables passives Einkommen zu sichern, welches wiederum für weitere Investitionen genutzt werden kann. Wie ich in einem vorherigen Kapitel bereits erklärt habe, könnte ich mich auch schon in den vorzeitigen Ruhestand verabschieden, doch noch gibt es viel zu tun und eine Sache darunter ist es, interessierten Menschen Tipps dafür zu geben, wie auch sie in eine Zukunft ohne finanzielle Sorgen starten können. Und glauben Sie mir, mit etwas Fleiß und Anstrengungen können Sie bereits in 20 bis 25 Jahren frei sein und ihren regulären Job an den Nagel hängen.

Ich selbst lebe seit einigen Jahren in Südostasien, weil ich keinen solchen 08/15-Job mehr brauche. Und nicht nur das: Zusammen mit meiner Frau habe ich hier in

Mietwohnungen investiert, um so auch die Risikostreuung zu vergrößern. Hinzu kommt, dass das Verhältnis zwischen Kaufpreis für Haus mit Grundstück und Mietpreis noch deutlich besser ist als in Deutschland oder Österreich, so dass sich die Investitionen viel rascher amortisieren. Doch das ist ein anderes Thema.

Ich wollte Ihnen damit nur aufzeigen, dass man in Bezug auf die Schaffung von passivem Einkommen viele Möglichkeiten hat und man da immer individuell und situationsbezogen vorgehen muss. Allerdings hoffe ich, dass dieses Kapitel Ihnen einen kleinen Einblick in die Welt des passiven Einkommens verschafft hat und Sie vielleicht auch eine Idee bekommen haben, wie Sie ihre Einnahmeseite auch neben Ihrem regulären Job verbessern können.

Niedriges Risiko bei hohem Ertrag

Um es ganz klar zu sagen: Keine Investition ist zu 100 Prozent sicher vor allen Risiken. Aufgrund der schwankenden Märkte und einer manchmal unberechenbaren Wirtschaft ist es schwer zu sagen, welche einzelne Anlage die sicherste ist. Es gibt jedoch einige Anlagekategorien, die viel sicherer sind als andere.

Bei Anlagen mit geringem Risiko können Sie davon ausgehen, dass Sie ein ausgeglichenes Ergebnis erzielen oder einen kleinen Verlust erleiden. Auf der anderen Seite können Anlagen mit höherem Risiko wesentlich bessere Renditen bieten, aber auch größere Verluste mit sich bringen. Die Suche nach risikoarmen Anlagen mit hoher Rendite ist eine schwierige Aufgabe. Deshalb habe ich einige sichere Anlagen mit hoher Rendite zusammengestellt. Doch egal, wo Sie Ihr Geld anlegen, achten Sie darauf, dass Ihr Portfolio breit gestreut ist, um das Gesamtrisiko zu minimieren.

Es gibt viele Anlagen, mit denen Sie gute Renditen erzielen können, darunter Dividendenaktien, Immobilien und Unternehmen. Während diese Anlagen hohe Renditen erzielen können, sind einige viel sicherer als andere. Bei der Entscheidung, wo und wie Sie Ihr Geld anlegen, um aktuell gute Renditen zu erzielen, sollten Sie Ihre kurz- und langfristigen finanziellen Ziele, Ihren Zeitrahmen, Ihre Risikotoleranz und Ihr derzeitiges Bankguthaben berücksichtigen.

Diese ganzen individuellen Faktoren sollten es Ihnen erleichtern, zu entscheiden, wo Sie Ihr Geld sicher anlegen und gleichzeitig Renditen erzielen können, die Ihnen helfen, Ihre finanziellen Ziele zu erreichen und dauerhaftes und passables Vermögen für Ihre Zukunft aufzubauen. Überlegen Sie sich gut, welche Optionen für Sie richtig sind.

Eine höchst interessante Option sind beispielsweise kurzfristige Unternehmensanleihen. Genau wie unsere Regierungen können auch Unternehmen Anleihen an Investoren ausgeben, um Geld zu beschaffen. Anleger können das Risiko durch den Kauf von Anteilen an kurzfristigen Anleihefonds verringern bzw. streuen. Diese kurzfristigen Anleihen haben eine durchschnittliche Laufzeit von ein bis fünf Jahren und sind daher weniger anfällig für Zinsschwankungen. Sie eignen sich für Anleger, die bereit sind, ein etwas höheres Risiko einzugehen, um höhere Renditen zu erzielen und für Anleger, die ihre Anleihenbestände diversifizieren möchten.

Es gibt jedoch viele Möglichkeiten, in Unternehmen zu investieren, die finanziell solide sind. Wenn Sie sich darauf beschränken, in große börsennotierte Unternehmen wie Google, Amazon oder Apple zu investieren, minimieren Sie die Wahrscheinlichkeit, Ihr Geld zu verlieren, da es sehr unwahrscheinlich ist, dass diese Unternehmen in naher Zukunft in Konkurs gehen. Außerdem können Unternehmensanleihen an jedem Geschäftstag gekauft oder verkauft werden, was sie zu einer liquiden Anlage macht.

Wachstumsaktienfonds sind ebenfalls interessant. Sie investieren in eine Vielzahl von Wachstumsaktien, im Gegensatz zu einer einzigen Wachstumsaktie. Dadurch sinkt das Risiko, dass eine einzelne Wachstumsaktie fällt und Ihr gesamtes Portfolio in Mitleidenschaft zieht. Wachstumsaktien sind ein Teil des Aktienmarktes, der sich langfristig gut entwickelt hat. Viele schnell wachsende Technologieunternehmen bieten Optionen auf Wachstumsaktien an, schütten aber nur selten Barmittel an die Anleger aus, wie dies bei Dividendenwerten der Fall ist. Die meisten Unternehmen entscheiden sich vielmehr dafür, die Barmittel in ihr Geschäft zu reinvestieren, um weiter zu wachsen. Dies ermöglicht es Ihnen, auf stark steigende Aktienkurse zu setzen und sich so über die kommenden Jahre hinweg mit monatlichen Beiträgen auch ein ausreichend großes Finanzpolster zu schaffen.

Eine weitere Möglichkeit sind Immobilien-Investmentgesellschaften (REITs). REITs sind Unternehmen, die verschiedene Immobilien besitzen und verwalten. Der REIT-Markt besteht aus einer Reihe von Untersektoren, aus denen Anleger wählen können. Beliebte Sektoren sind Wohn-REITs, Gewerbe-REITs, Einzelhandels-REITs, Hotel-REITs usw. Eine Investition in einen REIT, der an den großen Börsen gehandelt wird, ist die sicherere Anlageoption. Achten Sie allerdings auf REITs, die seit langem eine kontinuierlich steigende Dividende ausschütten, und nicht auf Fonds mit den besten aktuellen Renditen. Gute Fonds haben nämlich über einen längeren Zeitraum hinweg gute Renditen vorzuweisen.

Wenn Sie schon etwas Geld auf der hohen Kante haben, können Sie auch in Mietobjekte investieren. Das ist eine langfristige Investmentstrategie. Nehmen wir einmal an, Sie haben bereits 100.000 Euro gespart, die gewünschte Immobilie kostet 450.000 Euro und die Kaufnebenkosten liegen bei etwa 40.000 Euro. Also werden Sie rund 390.000 Euro in Form eines Darlehens benötigen. Das heißt: dreißig Jahre lang monatlich etwa 1.500 Euro an Rückzahlung. Im Idealfall ist sie ständig vermietet und bringt etwa 750 Euro im Monat ein.

Das deckt zumindest schon einmal die Hälfte der Kosten, so dass Sie nur mehr den Restbetrag selbst tragen (und im Idealfall wird dieser Betrag von anderen passiven Einkommen gedeckt, so dass Sie ihr Gehalt nicht anfassen müssen). Da sich die Mietpreise entsprechend der Inflation entwickeln, haben Sie wahrscheinlich kaufkraftbereinigt in etwa dreißig Jahren über diese Immobilie weiterhin ihre 750 Euro im Monat als passives Einkommen zur Verfügung. Und nicht nur das: Sollten Sie eine größere Summe benötigen, werden Sie die Immobilie auch sehr wahrscheinlich zu einem guten Preis verkaufen können.

Eine Beispielrechnung

Nehmen wir einmal an, Max Mustermann ist ein einfacher Angestellter und Single. Mithilfe eines Haushaltsbuches und eiserner Disziplin schafft er es, monatlich 500 Euro für regelmäßige Investitionen zur Verfügung zu haben. Davon fließen 100 Euro in einen Wachstumsfonds, weitere 150 Euro in einen Immobilien-Investmentfonds (REIT), zusätzliche 150 Euro in Unternehmensanleihen und 100 Euro werden auf einem Sparkonto zwischengeparkt. Immerhin kann es sein, dass man zwischendurch etwas Geld für eine Reparatur oder dergleichen benötigt.

Das wären dann ein Mal 1.200 bzw. zwei Mal 1.800 Euro pro Jahr für die Wachstums-Investments. Insgesamt also 4.800 Euro. Angenommen, diese haben (mit Reinvestitionen der Erträge) eine durchschnittliche Rendite von nur sechs Prozent pro Jahr. Nach zehn Jahren hat Herr Mustermann dort schon rund 67.000 Euro auf der hohen Kante. Nach 20 Jahren sind es bereits etwa 187.000 Euro. Wie Sie sehen, reicht das alleine noch nicht so ganz aus, um wirklich auf der sicheren Seite zu sein.

Hier kommt das passive Einkommen im weiteren Sinne ins Spiel, welches für den Vermögensaufbau unerlässlich ist. Denn mit knapp 200.000 Euro kann man sich mit 40-45 Jahren noch nicht einfach so zur Ruhe setzen und das Leben genießen.

Also startet Herr Mustermann nebenbei in seiner Freizeit ein Dropshipping-Business. Dieses wirft nach etwa einem Jahr an Aufbauarbeit monatlich durchschnittlich weitere 400 Euro ab. Dieses Geld investiert er in einen thesaurierenden Dividendenfonds (also das Geld aus den Ausschüttungen wird wieder reinvestiert, um das größtmögliche Wachstum zu erzielen). Damit kommen dann nach 20 Jahren weitere 200.000 bis 300.000 Euro zusammen.

Erinnern Sie sich noch an das Kapitel zur Altersvorsorge? Alleine diese in 20 Jahren angesparten Summen würden schon mal ein gutes Sicherheitspolster abgeben. Gehen wir einmal von insgesamt 400.000 Euro aus, die Max Mustermann so nach zwanzig Jahren angespart hat und im Schnitt etwa fünf Prozent Rendite abwerfen, die er sich dann jährlich auszahlen lässt. 20.000 Euro also, oder knapp 1.700 Euro monatlich. Dazu läuft sein Dropshipping-Business weiter und legt weitere 400 Euro drauf (weil die dann nicht mehr in den Fonds fließen, sondern auf seinem Konto bleiben.

Jetzt stellt sich natürlich die Frage, was man sonst noch tun kann, um auf der Einnahmenseite etwas zu verbessern. Klar, man kann auch das Glück haben und im aktuellen Job befördert werden oder vielleicht eine Gehaltserhöhung erhalten – doch Max Mustermann kann auch nebenbei auch bloggen, Videos drehen, Fotos machen und verkaufen oder eBooks schreiben und damit noch 100 bis 300 Euro nebenbei verdienen.

Übrigens, wenn man sich beispielsweise ohnehin schon in die Teilzeit oder gar in den Ruhestand verabschiedet hat, kann man damit (bei völlig freier Zeiteinteilung) auch noch ein schönes Nebeneinkommen generieren. Insbesondere dann, wenn man auch ein Talent dafür hat. Und mit 2.200 bis 2.500 Euro im Monat hat man schon ein passables Nebeneinkommen, das man eben mit einem Teilzeitjob oder später mit den Rentenzahlungen noch aufbessert. Zudem hat man ja - wie im Falle von Max Mustermann - auch noch eine ordentliche Summe an Geld in verschiedenen Anlagen geparkt, die man dann im Laufe der Zeit auch anzapfen kann. Denn wenn man stirbt, kann man ohnehin nichts mitnehmen, oder? Außer natürlich, Sie haben Kinder, denen Sie noch etwas vererben möchten.

Dennoch sehen Sie anhand dieses Beispiels, wie wichtig es ist, sich zusätzliche passive Einnahmequellen zu verschaffen. Glauben Sie mir, wenn Sie nicht schon aufgrund Ihrer regulären Arbeit mindestens 1.000 Euro monatlich beiseite legen können, wird es sehr schwierig, sich schon frühzeitig in den Ruhestand verabschieden zu können.

Zeitlose eBooks (Kochbücher, Backbücher, Kinderbücher, Kurzgeschichten, Kurzkrimis, aber auch Anleitungen usw.) beispielsweise verkaufen sich mit etwas Marketing in den sozialen Medien auch über viele Jahre hinweg. Und damit hat man auch vergleichsweise sehr wenig Aufwand. Auf Facebook findet man zum Beispiel auch viele Themengruppen, in denen man seine Bücher kostenlos bewerben kann.

Ich hatte zum Beispiel einer Freundin einmal dabei geholfen, mehrere Bücher zu veganem Backen zu erstellen. Sie verdient damit seit einigen Jahren monatlich immer so zwischen 150 und 250 Euro hinzu – manchmal sogar etwas mehr. Und das für ein paar Stunden Arbeit in der Woche für die Schreiberei, während sie ihre Backvorgänge noch fotografiert und dokumentiert.

Sie verdient also mit ihrer Leidenschaft – also dem Backen von veganem Gebäck – noch etwas Geld hinzu. Inzwischen arbeitet sie auch noch daran, das Ganze in einen Blog umzusetzen, wo sie einige der Rezepte aus den Büchern noch publiziert und dort auch ihre eigenen Bücher bewirbt. Ich bin mir sicher, dass sie damit auch Erfolg hat und sich über Affiliate-Links und etwas Werbung von AdSense, Taboola oder MGID auch noch Geld hinzu verdienen kann. Immerhin ist sie ja auch in den ganzen veganen Communities aktiv, was das Ganze natürlich auch noch vereinfacht. Dennoch sehen Sie, dass das eine interessante Möglichkeit sein kann.

Glauben Sie mir, ich weiß wovon ich spreche. In den letzten etwa zehn Jahren habe ich mehr als einem Dutzend Freunden und Bekannten dabei geholfen, sich ein passables passives Einkommen aufzubauen und den Weg in die finanzielle Freiheit und Unabhängigkeit zu beschreiten. Einige Familien haben sich mit meiner Hilfe aus der Armut befreit und verdienen Dank der passiven Einkommen mittlerweile sogar ein schönes Mittelschicht-Einkommen.

Auch hier auf den Philippinen, wo ich bereits seit einigen Jahren lebe, konnten sich einige Familien mittlerweile Dank meiner Hilfe zur Selbsthilfe aus der Armut befreien. Was glauben Sie, was ein passives Einkommen von 300 bis 500 Euro im Monat in einem Land wert ist, wo der Großteil der Erwerbstätigen zwischen 200 und 250 Euro monatlich in einem Vollzeitjob verdient? An wirklichen Wohlstand ist da zwar nicht zu denken, doch eine solche Verbesserung der Lage ist auch etwas Schönes.

Finanzielle Freiheit fängt dort an, wo Sie sich keine Gedanken mehr darüber machen müssen, ob Sie mit ihrem Einkommen überhaupt bis zum Monatsende durchkommen und genügend Reserven haben, um auch eine größere Reparatur (z.B. Auto, Waschmaschine...) problemlos zu stemmen. Und das können auch Sie schaffen.

Nutzen Sie ihr Potential

Wir Menschen haben oftmals die Angewohnheit, unser eigenes geistiges Potential zu unterschätzen und nicht ausreichend zu nutzen. Dabei limitieren wir uns immer wieder selbst. Insbesondere dann, wenn man sich ohnehin schon in einer prekären Lage befindet, neigt man oftmals zur Resignation. Doch das muss eigentlich absolut nicht sein.

Vielleicht haben Sie dieses Buch erworben, weil Sie schon mit dem 50. Lebensjahr in den vorzeitigen Ruhestand gehen wollen. Vielleicht auch deshalb, weil Sie noch ein paar Jahre bis zu Ihrem Altersruhestand haben und das Beste für sich selbst herausholen wollen. Eventuell sogar kauften Sie dieses Buch, weil Sie für sich und vielleicht auch Ihre Familie einfach ganz allgemein bessere Lebensumstände schaffen wollen. Das alles sind durchaus sehr legitime Ziele.

Doch dafür müssen Sie wahrscheinlich auch ihren „inneren Schweinehund" bezwingen, aus alten Mustern ausbrechen und ihre Grenzen erweitern. Nicht nur, indem Sie einfach auch etwas sparsamer leben, sondern auch indem Sie sich fragen, wie Sie Ihr Einkommen zugunsten Ihrer Ziele erhöhen können. Welche Talente haben Sie? Was würden Sie an Ihrem Wissen und Können nutzen, um Ihre Ziele zu erreichen? Sind Sie auch dazu bereit, etwas Zeit und vielleicht auch Geld dafür zu investieren, Ihre Fähigkeiten diesbezüglich zu vertiefen und zu verbessern?

Es gibt ein Sprichwort das besagt, dass man durch seinen regulären 5/40-Job nicht wohlhabend wird, dies jedoch durch Handel, Geschäfte und dergleichen schaffen kann. Sehen Sie sich einmal um. Wie viele Menschen in Ihrem persönlichen Umfeld mit „normalen" Jobs würden Sie als wohlhabend bezeichnen? Ich persönlich kenne da kaum jemanden. Bei Unternehmern sieht es hingegen schon etwas anders aus. Und Menschen in höheren Management-Positionen zählen kaum als Leute, die „normale" Jobs haben, oder?

Wenn Sie also einer regulären Arbeit nachgehen, haben Sie alleine mit Sparsamkeit kaum Möglichkeiten, ihre passiven Einkommen rasch genug auf ein Niveau zu bringen, das Ihnen ausreichende finanzielle Mittel einbringt. Mit durchschnittlich rund 2.000 bis 2.100 Euro netto für einen Angestellten kommt man nicht wirklich weit. Klar, ein Minijob nebenbei ginge auch noch. Doch auch hierbei stecken Sie verhältnismäßig viel Zeit in etwas, das Ihnen nur für einen beschränkten Zeitraum auch zusätzliche Einnahmen beschert.

Machen Sie sich stattdessen einfach einmal Gedanken dazu, wo Ihre Stärken und Schwächen liegen. Welche Talente haben Sie, die Sie für den Aufbau eines passiven Einkommens nutzen können? Rechnen Sie sich aus, wie viel Zeit Sie jede Woche dafür investieren können - nach dem Feierabend und auch an den Wochenenden. Und ganz wichtig: Investieren Sie auch Zeit dafür, Ihre dafür nutzbaren Talente zu verbessern. Wie sagt man so schön: Übung macht den Meister. Und je besser Sie etwas meistern, desto mehr können Sie auch herausholen.

Denken Sie daran: Wenn Sie beispielsweise schon gut in Mitarbeiterführung sind, warum nicht noch über Kurse mehr hinzulernen und dieses (zusätzliche) Wissen auch in Form von eBooks oder Online-Kursen weitergeben? Ähnlich können Sie auch in anderen Bereichen arbeiten. An Möglichkeiten mangelt es hierbei absolut nicht. Aber solche Kurse erweitern den Horizont, bringen mehr Fachwissen und können dazu beitragen, Ihr eigenes Einkommen zu verbessern.

Seien Sie offen für Neues, probieren Sie auch mal etwas Anderes aus. Plattformen wie zum Beispiel Fiverr bieten auch Möglichkeiten, wie Sie Ihre Talente (Grafikdesign, Artikel schreiben, Programme schreiben, Applikationen basteln usw.) zu Geld machen können. Alles was dazu beiträgt, Ihr Einkommen zu erhöhen, sollte von Ihnen in Betracht gezogen werden.

Renditestarke, risikoarme Investitionen

Eine solide Anlageentscheidung ist eine, die mehr Ertrag als Risiko bringt. Vor die Wahl gestellt zwischen zwei Anlagen mit einem historischen 20-Jahres-Durchschnitt von 7 Prozent, sollten sich risikoscheue Anleger für diejenige entscheiden, die eine geringere Standardabweichung aufweist, d. h. das Ausmaß, in dem die Anlage in der Vergangenheit um ihren Durchschnitt herum geschwankt hat.

Ein hohes Risiko kann zwar zu potenziell hohen Renditen führen, doch kann eine übermäßige Risikobereitschaft auch schädlich sein. Dies gilt insbesondere für Rentner, die auf kontinuierliche, immerwährende Entnahmen aus ihren Portfolios angewiesen sind, um ein Einkommen zu erzielen. In diesem Fall ist das schlimmste Szenario, das es zu vermeiden gilt, dass das Geld vorzeitig ausgeht. Daher ist es von zentraler Bedeutung, die Volatilität des Portfolios so gering wie möglich zu halten und die Schwere von Abstürzen zu verringern. Dies muss gegen die Notwendigkeit abgewogen werden, dass die langfristigen Erträge die Inflation übertreffen. Im Folgenden werden sechs Anlagemöglichkeiten für Rentner vorgestellt, die ein gutes Risiko-Rendite-Profil aufweisen, insbesondere wenn sie Teil eines diversifizierten Anlageportfolios sind.

60/40-Portfolio

Eine gute Wahl für Ruheständler ist das 60/40-Portfolio aus Aktien und Anleihen. Traditionell bedeutete dies eine Aufteilung in US/EU-Aktien, Staatsanleihen und Investment-Grade-Unternehmensanleihen.

Aktien sorgen in Haussezeiten für hohe Renditen, während Anleihen die Volatilität verringern und bei Marktabstürzen Schutz bieten. Eine regelmäßige Umschichtung hilft den Anlegern auch, die Anlage mit schlechter Performance zu kaufen, wenn sie einen Tiefpunkt erreicht, und die Anlage mit besserer Performance zu verkaufen, wenn sie einen Höchststand erreicht.

In der Vergangenheit hat das 60/40-Portfolio eine gute Mischung aus Risiko und Rendite geboten. So hat beispielsweise der Vanguard Balanced Index Fund Admiral Shares seit seiner Auflegung im Jahr 2000 eine jährliche Rendite von 6,33 Prozent erzielt. Die Achillesferse dieser Strategie ist jedoch die hohe Inflation in Verbindung mit steigenden Zinssätzen, die dazu führen, dass Aktien und Anleihen gemeinsam fallen. Eine Kombination dieser Faktoren hat dazu geführt, dass das 60/40-Portfolio im Jahr 2022 die schlechtesten Renditen seit über 20 Jahren erzielt hat.

Anleiheleitern (Bond Laddering)

Rentner - insbesondere in den Vereinigten Staaten - halten häufig einen hohen Anteil an festverzinslichen Wertpapieren in Form von Schatzanweisungen und Investment-Grade-Unternehmensanleihen.

Anleihen sind zwar im Allgemeinen risikoärmer als Aktien, aber sie sind sehr anfällig für das Zinsrisiko. Wenn die Zinssätze steigen, steigen die Anleiherenditen, was zu einem Kursrückgang führt. Dies gilt insbesondere für Anleihen mit längeren Laufzeiten.

Eine Möglichkeit, Ihr Portfolio gegen das Zinsänderungsrisiko zu immunisieren, ist das Bond Laddering. Dabei werden mehrere Anleihen mit unterschiedlichen Laufzeiten gekauft. Bei Fälligkeit jeder einzelnen Anleihe kann der Anleger sie zum Nennwert zurückkaufen und muss sie so nicht vorzeitig mit Verlust verkaufen, wenn die Zinsen in die Höhe gehen. Eine Anleihenleiter sorgt für besser vorhersehbare Cashflows, was für Rentner, die planmäßige Entnahmen für ihr Einkommen vornehmen, von entscheidender Bedeutung ist.

Options-Collar

Auf Derivaten basierende Strategien eignen sich am besten für Rentner mit einem großen Nettovermögen, fortgeschrittenen Finanzkenntnissen oder der Hilfe eines Finanzberaters, der sich mit diesen Instrumenten auskennt. Sie dienen in erster Linie der Risikoabsicherung und können auf unterschiedliche Weise zur Verlustbegrenzung eingesetzt werden.

Betrachten Sie sie als Portfolio-Versicherung, für die Sie eine Prämie zahlen. Eine beliebte Strategie ist der Options-Collar, bei dem gedeckte Calls in Schritten von 100 Anteilen eines Unternehmens oder eines börsengehandelten Indexfonds (ETF) verkauft und gleichzeitig schützende Puts gekauft werden. Die durch den Verkauf der gedeckten Kaufoption eingenommene Prämie stellt eine Gutschrift dar, die zur Finanzierung der durch den Kauf der Verkaufsoption abgebuchten Prämie verwendet werden kann.

Mit dieser Strategie werden Ihre Verluste und Gewinne begrenzt, was dazu beitragen kann, die Volatilität in Seitwärtsgeschäften oder Bärenmärkten zu verringern. Ein ETF, der diese Strategie für Sie umsetzt, ist der Nationwide Nasdaq-100 Risk-Managed Income ETF (NUSI).

Aktien mit geringer Volatilität

Das Capital Asset Pricing Model besagt, dass die erwartete künftige Rendite einer Aktie von ihrem systematischen Risiko, d. h. ihrem Marktrisiko, abhängig ist. Kurz gesagt: mehr Risiko = mehr Rendite. Dies ist der Grund, warum zum Beispiel Investitionen in Aktien im Allgemeinen eine bessere langfristige Rendite als Anleihen erbringen.

Es gibt jedoch eine bemerkenswerte Ausnahme bei Aktien mit geringer Volatilität. Dabei handelt es sich um Aktien mit einer geringeren Standardabweichung und einem geringeren Beta, d. h. einer geringeren Anfälligkeit für Marktschwankungen, als beispielsweise der S&P 500.

In der Vergangenheit haben sich Aktien mit geringer Volatilität besser entwickelt als der Markt, insbesondere Large-Cap-Aktien mit hervorragenden Fundamentaldaten. Daher können Rentner das Risiko ihrer Aktienallokation senken, indem sie sich auf erstklassige, dividendenstarke Aktien mit geringer Volatilität konzentrieren, ohne dass sich ihre Renditeerwartungen merklich verringern.

Sparbriefe der Serie I

I-Anleihen sind an die Inflation gebundene Schuldverschreibungen der US-Regierung. Wie bei den meisten Anleihen werden auch bei I-Bonds halbjährliche Zinszahlungen an den Inhaber geleistet. Ihre Rendite setzt sich jedoch aus zwei Komponenten zusammen: einem festen Zinssatz bis zur Fälligkeit und einem variablen, inflationsbereinigten Zinssatz, der auf Veränderungen des Verbraucherpreisindex basiert.

Letzterer wird jeweils im Mai und November berechnet. Dank der rasant steigenden Inflation lag er 2022 bei 9,62 Prozent. I-Anleihen sind eine der wenigen wirklich risikoarmen Anlagen, die sowohl die Sicherheit des Kapitals als auch einen Inflationsschutz garantieren.

Allerdings sind Anleger beim Kauf von elektronischen I-Anleihen auf jährliche Käufe von bis zu 10.000 Dollar beschränkt, und weitere 5.000 Dollar, wenn sie mit einer Steuerrückzahlung erworben werden. I-Anleihen haben eine Laufzeit von 20 bis 30 Jahren, können aber nach fünf Jahren ohne Strafzahlung eingelöst werden. Wenn sie zwischen einem und fünf Jahren eingelöst werden, verlieren die Anleger die Zinszahlungen der letzten drei Monate.

Vorzugsaktien

Vorzugsaktien sind Wertpapiere, die sowohl Eigenschaften von Aktien als auch von festverzinslichen Wertpapieren aufweisen. Im Vergleich zu Stammaktien haben Vorzugsaktien im Falle eines Konkurses oder einer Liquidation vorrangigen Zugriff auf die Vermögenswerte eines Unternehmens.

Sie haben jedoch kein Stimmrecht. Im Gegenzug zahlen Vorzugsaktien jedoch häufig eine höhere und gleichmäßigere feste Dividende. Dies kann manchmal mit Bedingungen verbunden sein, die das Unternehmen zwingen, Dividendenzahlungen nachzuholen, wenn sie nicht planmäßig erfolgen.

Die Vorhersehbarkeit der Cashflows verleiht Vorzugsaktien ein ähnliches Risiko-Rendite-Profil wie Anleihen. Insgesamt haben Vorzugsaktien im Vergleich zu Stammaktien ein geringeres Marktrisiko, weisen aber ein höheres Zinsrisiko auf, das dem von Anleihen ähnelt. Anleger können Vorzugsaktien direkt kaufen oder über börsengehandelte Fonds wie den iShares Preferred & Income Securities ETF (PFF) in einen Korb von Vorzugsaktien investieren.

Noch ein Hinweis

Wie Sie sehen, gibt es durchaus einige passable Möglichkeiten, wie ihr über die Jahre hart verdientes Geld auch ohne große Risiken aber dafür mit relativ hohen Renditen anlegen können. Beachten Sie dabei allerdings auch eine Grundregel für die Entnahme von Investmehts:

Bei der systematischen Entnahme entnehmen Sie im ersten Jahr Ihres Ruhestands einen bestimmten Prozentsatz Ihres Notgroschens und erhöhen diesen Betrag danach jedes Jahr leicht, um der Inflation entgegenzuwirken. Eine gängige Faustregel, die Sie vielleicht schon gehört haben, ist die Vier-Prozent-Regel, die besagt, dass Sie Ihre jährlichen Entnahmen auf vier Prozent Ihres Notgroschens beschränken sollten.

Das mag in manchen Situationen funktionieren, hat aber auch seine Grenzen. Die Vier-Prozent-Regel geht von Annahmen darüber aus, wie sich Ihre Investitionen entwickeln werden und wie lange Ihr Ruhestand dauern wird - und diese Vorhersagen sind nicht für jeden zutreffend. Möglicherweise müssen Sie Ihre Entnahmerate senken, wenn Ihre Investitionen einen großen Einbruch erleiden, oder Sie können sie erhöhen, wenn sie sich gut entwickeln. Sie können die Vier-Prozent-Regel als Ausgangspunkt verwenden, sollten aber einige verschiedene Szenarien durchspielen, bevor Sie sich für die richtige Entnahmerate für Sie entscheiden.

Hoffnung Emerging Marktets?

Wie Sie bereits wissen, lebe ich seit nun vielen Jahren in Südostasien, davon seit etwa einem Jahrzehnt auf den Philippinen. Auch wenn es Ausländern hier prinzipiell nicht erlaubt ist, Grund und Boden zu besitzen (außer man geht in eine rechtliche Grauzone), möchte ich Ihnen anhand einiger Beispiele zeigen, wie man in solchen aufstrebenden Ländern (auch „Emerging Marktets" genannt) im Falle einer Auswanderung durchaus ein passables passives Einkommen schaffen kann. Dies kann auch für sogenannte „Expats" durchaus von Interesse sein, zumal lokale Einkommen auch nicht von den Schwankungen am internationalen Devisenmarkt abhängig sind.

Eines vorweg: Bevor man beschließt, sein restliches Leben in einem anderen und auch deutlich ärmeren Land zu verbringen, sollte man sich ausführlich über die dort herrschenden Umstände informieren. Das schließt auch das Aufenthaltsrecht, das Steuerrecht, die Kultur, die Lebenshaltungskosten, die Gesundheitsversorgung und dergleichen ein. Im Idealfall hat man das anvisierte Land bereits mehrfach bereist und möglichst auch schon einige Zeit dort am gewünschten Ort verbracht. Damit hat man eine solide Basis, auf der man aufbauen kann. Denn die Kenntnis der lokalen Gegebenheiten hilft enorm dabei, die richtigen Entscheidungen zu treffen.

MICHAEL STEINER

In meinem Beispiel hier möchte ich aufzeigen, wie Sie mit Wohn- und/oder Geschäftsimmobilien in solchen Ländern ein passables passives Einkommen erzielen kann. Denn der Vorteil der meisten dieser Länder ist, dass das Verhältnis zwischen den Kosten für Grundstücke und Gebäude und den Mietpreisen zumeist deutlich besser ist als in Deutschland oder Österreich (sowie anderen Industriestaaten). Das heißt: Für jede 100.000 Euro die Sie (umgerechnet) dort investieren, holen Sie auch einen deutlich höheren Return on Investment heraus. Hinzu kommt, dass infolge des anhaltenden Bevölkerungswachstums in diesen Ländern auch noch anhaltend steigende Preise bei den Grundstücken zu erwarten sind. Zur Not können Sie bereits erworbene Gründstücke bereits nach wenigen Jahren wieder mit Gewinn verkaufen.

Um es Ihnen etwas einfacher zu machen, nutze ich in den folgenden Beispielrechnungen, die auf realen Zahlen beruhen, gerundete Euro-Beträge. Wobei ich natürlich bei völlig realistischen Zahlen bleibe und anhand von Informationen von Freunden aus anderen solcher aufstrebenden Länder weiß, dass man auch dort in etwa auf dem selben Niveau agiert. Wobei man hier auch anmerken muss, dass ich von größeren Provinzstädten spreche (in kleinen Nestern und in den Hauptstädten herrschen üblicherweise andere Bedingungen).

In meiner Stadt findet man noch passable Grundstücke in brauchbaren Lagen für Preise zwischen 30 und 50 Euro pro Quadratmetern. Wenn man sich beispielsweise ein Grundstück von 1.000 Quadratmeter sichert, findet sich Platz für etwa 12 Wohneinheiten á 60 Quadratmeter (plus etwas Platz vor und hinter dem Gebäude) im Reihenhaus-Stil. Landestypisch gebaut kommt man auf Kosten von etwa 8.000 bis 8.500 Euro pro Wohneinheit, bzw. rund 100.000 Euro für den ganzen Komplex. Plus die rund 50.000 Euro für das Grundstück liegen wir bei insgesamt 150.000 Euro.

Doch jetzt wird es interessant. Die ortsübliche Miete für so ein Häuschen liegt bei etwa 100 Euro im Monat (teilweise sogar durchaus mehr). Stattet man es mit ein paar Basis-Einrichtungsgegenständen (zwei Betten, zwei Schlafzimmerschränken und einem Tisch mit ein paar Stühlen) aus, kann man schon um die 150 Euro verlangen. Vollmöbliert (also auch mit Matratzen auf den Betten, einem kleinen Fernseher und Klimaanlagen für die Schlafzimmer) sind auch 200 Euro kein Problem mehr.

Die Investitionen dafür sind auch nicht wirklich hoch, wenn man sich an die ortsüblichen Standards in Bezug auf die Einrichtung hält. Rechnen Sie mit vielleicht etwa 400 bis 700 Euro für die Basis-Einrichtung eines Appartments. Das Geld, das man dabei in solche Einrichtungsgegenstände investiert, zahlt sich infolge der durchaus höheren Mietpreise für teil- und vollmöblierte Wohnungen auch rasch wieder aus.

Für beide Seiten (Vermieter und Mieter) sind solche teil- und vollmöblierten Appartments durchaus eine positive Sache. Während der Vermieter eine (unter Umständen) deutlich höhere Miete dafür verlangen kann, braucht sich der Mieter nicht um den Kauf dieser Einrichtungsgegenstände zu kümmern.

Hat man nun also zwei der Appartments vollmöbliert, vier weitere teilmöbliert und lässt die anderen sechs Appartments so wie sie sind, hat man im Idealfall 1.600 Euro an Mieteinnahmen im Monat (wenn alle Einheiten unmöbliert vermietet werden, sind es 1.200 Euro) zur Verfügung. Grundsätzlich geht man hierbei von etwa 75 bis 80 Prozent an Vermietungszeit aus, denn Leerstand kommt immer wieder mal vor. Doch bei den üblichen Mietpreisen ist das normalerweise nicht lange der Fall, außer man liegt deutlich darüber.

Das wären dann also 1.200 bzw. 900 im Monat, mit denen man für solch eine Wohnanlage im Durchschnitt rechnet. Das heißt, nach etwa 10 bis 15 Jahren hat sich die Investition (rechnen Sie dabei aber auch Kosten für zwischenzeitliche Reparaturen ein) schon wieder amortisiert. So etwas finden Sie in Deutschland oder Österreich mittlerweile kaum mehr. Dort geht es (ohne Kreditaufnahme) eher in Richtung 20 bis 25 Jahre. Doch wer hat schon 200.000 bis 500.000 Euro einfach so für solche Investments herumliegen? Wohl die wenigsten Menschen, oder?

Mit zwei oder drei solcher Appartment-Anlagen kann man sich also ein passables passives Einkommen schaffen. Doch wie Sie auch sehen, braucht man dafür bereits ein entsprechendes Startkapital. Wenn Sie allerdings bereits schon den Schritt ins Ausland gewagt haben und nach einer Möglichkeit suchen, Ihr passives Einkommen schrittweise zu erhöhen, können Sie auch einen anderen – etwas länger dauernden – Weg gehen. Doch dies lohnt sich ebenfalls.

Ein Grundstück mit 90 bis 100 Quadratmetern im städtischen Gebiet zu kaufen und darauf ein Häuschen zu bauen, ist dabei eine Möglichkeit. Mit etwa 12.000 bis 14.000 Euro sind Sie (wenn man alle Kosten mit ein kalkuliert) dabei. Dann allerdings vermieten Sie es möglichst teilmöbliert, damit Sie um die 150 Euro monatlich dafür erhalten. Das sind nämlich auch schon mal 1.800 Euro im Jahr., womit sich etwas anfangen lässt.

Wenn Sie dann noch von Ihrem aktuellen aktiven Einkommen jeden Monat weitere 150 Euro ansparen, haben Sie nach etwa vier Jahren bereits das Kapital für ein zweites Mietobjekt beisammen, welches sie sich käuflich erwerben oder selbst bauen lassen können. Diese werfen dann schon etwa 300 Euro monatlich ab, so dass Sie bereits nach drei Jahren schon das Kapital für das nächste Häuschen haben. Mit drei vermieteten Häusern und Ihren eigenen 150 Euro ist das vierte Häuschen nur mehr zwei Jahre entfernt, das fünfte Häuschen dann nur mehr etwa anderthalb Jahre und mit etwas zusätzlichem Kapitaleinsatz das sechste Häuschen dann nur mehr ein Jahr.

Und von da an wird das Ganze ein Selbstläufer, selbst wenn Sie nichts mehr aus der eigenen Kasse dafür aufwenden. Suchen Sie einfach weiterhin nach passenden Grundstücken und stellen Sie dort Mietobjekte auf. Das ist zwar etwas langwieriger, doch nach etwa 12-13 Jahren wird das Ganze zu einer Sache, wo Sie sich entscheiden können: Nutze ich das Einkommen zum Leben, oder investiere ich einfach weiter in neue Häuser?

Interessant kann es allerdings auch sein, gerade in der Nähe von Schulen und Einkaufszentren Gebäude hinzustellen, die mit Mini-Wohneinheiten (25 bis 30 Quadratmeter) ausgestattet sind. Also im Grunde genommen eine „Wohnküche" mit kleinem Schlafzimmer und einem kleinen Badezimmer. Natürlich auch ausgestattet mit einem Bett, einem Schlafzimmerschrank und einem Tisch mit zwei Stühlen. Für Lehrer, Mitarbeiter der Einkaufszentren usw. sind solche auch als „Wohnklos" bezeichnete Mini-Appartments günstige und beliebte Wohnmöglichkeiten.

Mit deutlich größeren Risiken aber auch sehr viel höheren Gewinnspannen verbunden sind sogenannte Geldgeschäfte. Für die breite Masse der Bevölkerung sind Bankkredite faktisch unmöglich zu erhalten. Sie wenden sich deshalb oftmals an „informelle Geldverleiher" (hier auf den Philippinen eine Domäne der Inder), die aber auch deutlich höhere Zinssätze verlangen. Diese Geldverleiher suchen allerdings auch oftmals nach weiteren Kapitalgebern und zahlen dafür (also hier auf den Philippinen) zumeist zwischen sieben und zwölf Prozent an Zinsen – und das monatlich. Wer kein Problem damit hat, einern Teil seines Kapitals als „Risikokapital" zu betrachten und dafür aufzuwenden, kann sich damit auch ein kleines Nebeneinkommen schaffen. Mit beispielsweise 5.000 Euro an Investment dort lassen sich um die 500 Euro monatlich verdienen. Doch wie gesagt: Es handelt sich hierbei um eine relativ riskante Investition, die auch auf Vertrauen basiert. Doch im Leben ist es immer so, dass höhere Renditen auch mit einem höheren Risiko einher gehen.

Gerade in vom Tourismus geprägten Orten kann sich auch eine Investition in Fahrzeuge zur Vermietung lohnen. Egal ob 125ccm-Roller, Kleinwagen oder auch Vans – ein Bedarf dafür ist gerade in solchen Gegenden eigentlich immer da. Im Grunde genommen kümmern Sie sich nur um die Wartung und Registrierung der Fahrzeuge, während Ihre Kunden diese zur Erkundung der Stadt und des Umlandes nutzen. Ein vergleichsweise relativ geringer Arbeitsaufwand mit durchaus passablem Einkommenspotential.

In Tourismushochburgen kann es sich beispielsweise durchaus lohnen, 15.000 Euro in eine Flotte von zehn Rollern zu investieren. Bei einem Vermietungspreis von beispielsweise zehn Euro pro Tag und beispielsweise 20 Vermietungstagen pro Fahrzeug im Monat , verdienen Sie damit insgesamt etwa um die 2.000 Euro.

Innerhalb von etwa einem halben Jahr hat sich Ihre Investition also bereits amortisiert. Halten Sie sich aber möglichst an die lokal üblichen Marktpreise. Sind Sie zu billig, könnte dies unter Umständen zu Problemen mit Mitbewerbern führen.

Da kann es sich durchaus auch lohnen, einen Mitarbeiter für die Verwaltung und Pflege der Fahrzeuge einzustellen, damit Sie sich nicht um das Tagesgeschäft kümmern müssen. Das ist zwar mehr ein Nebengeschäft als ein passives Einkommen, dennoch eine gute Möglichkeit, sich ein zusätzliches Standbein in Sachen Einkommen zu schaffen. Wenn Sie dies später um vielleicht zwei Autos und auch noch zwei Vans erweitern, um so den potentiellen Kundenstamm zu erweitern – warum nicht?

Wie Sie anhand dieser paar Beispiele gesehen haben, gibt es auch im fernen Ausland durchaus einige durchaus interessante Möglichkeiten, wenn es um die Schaffung von passiven Einkommensquellen vor Ort geht. Achten Sie dabei jedoch immer auf die jeweiligen nationalen Gegebenheiten, Gesetze und Regeln, um so möglichst Ärger mit den Behörden oder den lokalen Einwohnern zu vermeiden.

Zinseszins und Inflation

Bei all den Berechnungen die Sie anstellen, um sich Ihren Ruhestand bestmöglich vorzubereiten, vergessen Sie bitte nicht auf die Faktoren Zinseszins und Inflation. Während ersterer Faktor Ihnen zugute kommt, sieht es bei Letzterem anders aus. In diesem Kapitel werde ich Ihnen deshalb einige Zahlen vorlegen, die Sie berücksichtigen sollten.

Zuerst einmal die Inflation. Wenn Sie im Jahr 1998 1.000 Euro (bzw. rund 2.000 Mark) netto verdient haben, müssten Sie heute auf Basis des Verbraucherpreisindex (VPI) etwa 1.630 Euro verdienen, um dieselbe Kaufkraft wie damals zu haben. Auch wenn der VPI durchaus seine Mängel hat und die individuelle Inflationsrate durchaus stark davon abweichen kann, ist dieser Index ein Maßstab, den man als Basis verwenden kann.

Durch die aktuelle Energiekrise hat sich die Inflation etwas beschleunigt, so dass auch gerade niedrig verzinste Kapitalanlagen real an Wert verlieren. Anders ausgedrückt: Wenn Sie damals im Jahr 1998 irgendwo (umgerechnet, da damals noch die D-Mark Zahlungsmittel war) 1.000 Euro irgendwo angelegt haben, müsste diese Anlage heute, 25 Jahre später, mindestens 1.630 Euro an Wert besitzen, damit Sie real keinen Verlust in der Kaufkraft haben. Doch Sie wollen ja nicht einfach nur die Kaufkraft erhalten, sondern vor allem einen Profit mit Ihren Investitionen erwirtschaften. Hier spielt der Faktor Zinseszins eine gewichtige Rolle.

FINANZIELLE FREIHEIT

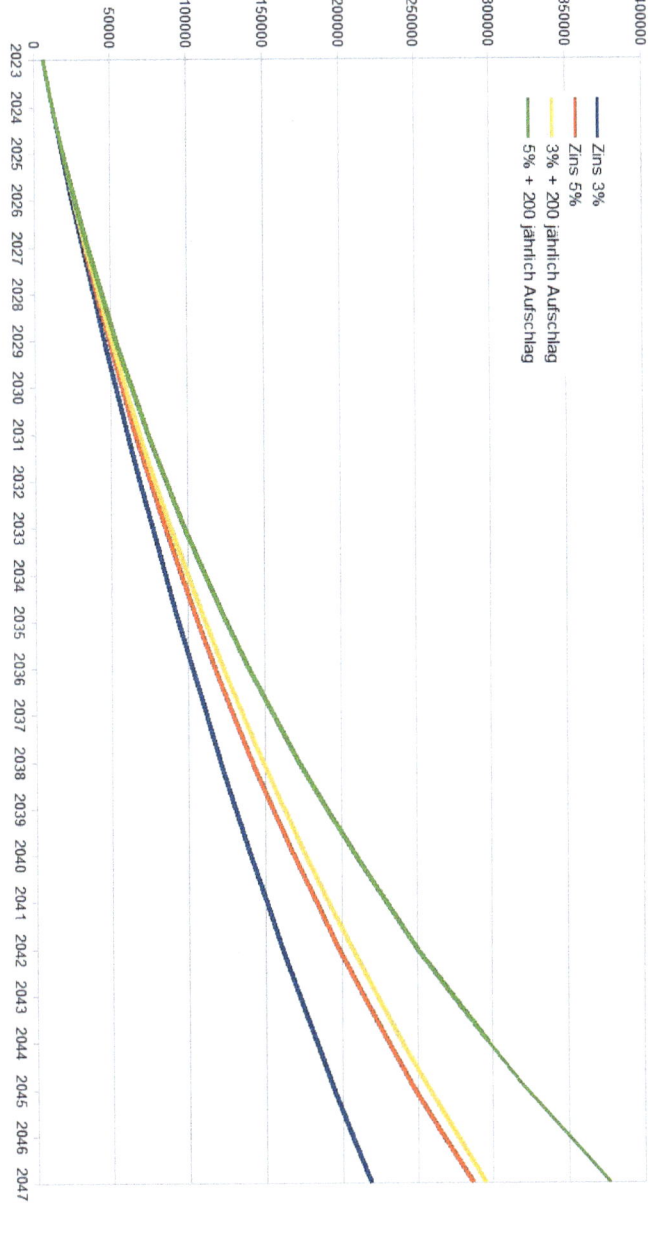

- Zins 3%
- Zins 5%
- 3% + 200 jährlich Aufschlag
- 5% + 200 jährlich Aufschlag

In der Grafik auf Seite 67 habe ich Ihnen deshalb einmal vier Beispielszenarien für Ihre Investments anschaulich dargestellt. Das erste Szenario besteht darin, dass Sie jährlich 6.000 Euro (also 500 Euro monatlich) sparen und dafür drei Prozent Zinsen erhalten. Nach 25 Jahren werden daraus knapp 219.000 Euro. Im zweiten Szenario legen Sie dieselbe Menge an Geld zu einem Zinssatz von 5 Prozent jährlich an. Dank des höheren Zinssatzes und natürlich auch des Zinseszinses werden daraus etwas mehr als 286.000 Euro. Und das mit insgesamt 150.000 Euro (25 x 6.000 Euro) an Kapitaleinsatz.

Allerdings müssen Sie dabei berücksichtigen, dass mit jedem Jahr Ihre jährlich einbezahlten 6.000 Euro Dank der Inflation auch an Wert verlieren. Hätten Sie dies im Jahr 1998 gestartet, wären die heutigen 6.000 Euro damals nur etwa 3.680 Euro Wert. Das heißt, sie müssten heute rund 9.785 Euro einzahlen um das Äquivalent von 6.000 Euro im Jahr 1998 zu haben. Ja, so sehr hat sich die Kaufkraft in den letzten 25 Jahren verändert., das ist schon ordentlich, nicht?

Deshalb habe ich in der Grafik die beiden Basis-Szenarien um einen Faktor ergänzt: Die Sparsumme erhöht sich jährlich um 200 Euro. Also nach 6.000 Euro im ersten Jahr werden 6.200 Euro im zweiten, 6.400 Euro im dritten, 6.600 Euro im vierten Jahr und so weiter gespart. Damit soll der Kaufkraftverlust durch die Inflation zusätzlich ausgeglichen werden (so wie sich üblicherweise Ihr Gehalt bei Tarifverträgen jährlich etwas erhöht, um der Teuerung entgegen zu wirken).

In diesen von mir erstellten Szenarien steigt die angesparte Summe bei drei Prozent Zinsen jährlich nach 25 Jahren auf etwa 295.000 Euro und bei fünf Prozent Zinsen auf ganze 377.000 Euro an. Angenommen, der VPI steigt in den Jahren 2023 bis 2047 ebenfalls um rund 63 Prozent an, wie in den letzten 25 Jahren, dann sähe die gesamte Kaufkraft je nach Szenario schlussendlich so aus:

- Szenario 1: 138.000 Euro

- Szenario 2: 180.000 Euro

- Szenario 3: 186.000 Euro

- Szenario 4: 237.000 Euro

Nehmen wir den durchschnittlichen Kaufkraftverlust durch die Inflation der letzten 25 Jahre als unsere Basis der Berechnungen, werden aus den insgesamt 150.000 eingezahlten Euro kaufkraftbereinigt nur mehr 122.250 Euro. Im ersten Szenario mit nur drei Prozent Zinsen im Jahr haben Sie also schlussendlich ein Plus von knapp 13 Prozent gemacht, während es im zweiten Szenario immerhin noch rund 47 Prozent sind. Im dritten und vierten Szenario mit den jährlich um 200 Euro steigenden Einlagen sind es kaufkraftbereinigt etwa 132.300 Euro, die Sie angespart haben. Da beträgt bei einem Zinssatz von drei Prozent der Profit schon knapp 41 Prozent, bei fünf Prozent Zinsen im Jahr hingegen ganze 79 Prozent.

Wie Sie also sehen, sind diese beiden Faktoren - Inflation und Zinseszins - immens wichtig, wenn Sie aus Ihren Ersparnissen auch einen Profit schlagen wollen. Und nicht nur das: Es ist sehr wichtig, dass Sie auch bei ihren Sparplänen die Inflation berücksichtigen und dementsprechend ihre monatlichen Zahlungen jedes Jahr entsprechend nach oben anpassen. Nur so können Sie über den ganzen Zeitraum hinweg Ihre Kaufkraft nicht nur bewahren, sondern auch noch erhöhen.

Ob Sie statt den (beispielsweise) angesparten 100.000 Euro dann real 113.000, 141.000, 147.000 oder gar ganze 187.000 Euro zur Verfügung haben, spielt durchaus eine gewichtige Rolle für Ihre Möglichkeiten in der Zukunft. Oder entsprechend den obigen Szenarien: Reale 237.000 Euro sind doch viel besser als nur 138.000 Euro, oder etwa nicht?

In Szenario 1 haben Sie beispielsweise insgesamt 219.000 Euro gespart. Diese bringen Ihnen (bei drei Prozent im Jahr) knapp 6.600 Euro an Zinsen jährlich ein. Das heißt, ohne Ihr Kapital anzufassen könnten Sie davon gerade einmal etwa 550 Euro monatlich abheben. Zieht man davon noch die Inflation ab, sind es (siehe Annahme oben) nur mehr 345 Euro pro Monat. In Szenario 4 hingegen, mit 377.000 Euro und 5 Prozent Zinsen sind es 18.850 Euro pro Jahr, bzw. 1.570 Euro pro Monat. Kaufkraftbereinigt wären es immer noch etwa 990 Euro.

Theoretisch könnten Sie auch damit beginnen, einen Teil Ihrer Ersparnisse zu verbrauchen. Also neben den Zinsen auch beispielsweise jeden Monat etwas vom angesparten Kapital abheben. Da die Zinszahlungen infolge der Kapitalreduktion jedoch mit der Zeit abnehmen, sollten Sie nur mit etwa einem Prozent des Stammkapitals anfangen und in etwa auf dieser Höhe bleiben, um so möglichst lange mit dem Geld auszukommen. Also in Szenario 1 beispielsweise im ersten Jahr um die 2.000 Euro, in Szenario 4 dann um die 3.700 Euro. Das wären dann im ersten Szenario um die 8.800 Euro im Jahr, im vierten Szenario zum Beispiel etwa 22.500 Euro inklusive der Zinszahlungen.

Das Ergebnis nach 25 Jahren für die Szenarien 1 und 4 sehen Sie in der Grafik auf Seite 72. Beachten Sie dabei, dass keine Einzahlungen mehr erfolgen, sondern nur mehr die jeweiligen Zinszahlungen. Und auch hier gilt, dass die jährlichen Auszahlungen nicht schrittweise der Inflation angepasst wurden und somit nicht kaufkraftbereinigt sind.

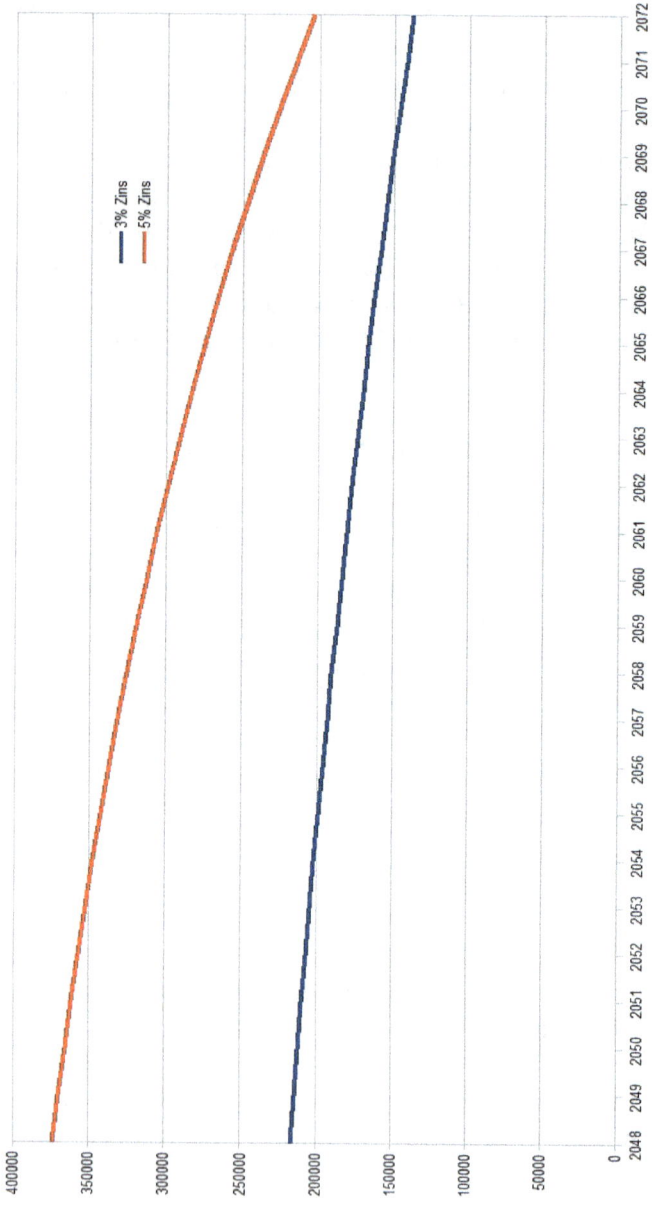

Wie Sie deutlich erkennen, sinken die Ersparnisse bei einer kontinuierlichen Entnahme des Kapitals mit der Zeit deutlich ab. Aus den knapp 219.000 Euro von Szenario 1 werden so nach 25 Jahren etwa 137.000 Euro (-37 Prozent) und aus den 377.000 von Szenario 4 sogar nur mehr knapp 204.000 Euro (-46 Prozent). Doch die höheren jährlichen Entnahmen im vierten Szenario sind durchaus gerechtfertigt, da das Ausgangskapital höher ist. Zudem reicht dieses Kapital bei einer kontinuierlichen Entnahme auf diesem Niveau auch bis zu fünfzig Jahre insgesamt locker aus.

Allerdings sollten Sie auch daran denken, zumindest alle fünf Jahre ihre jährlichen Auszahlungen um etwa zehn Prozent zu erhöhen, um so die Inflation auszugleichen und Ihre Kaufkraft zu erhalten. Also in Szenario 1 erst 8.800, dann 9.700, dann 10.700 Euro und so weiter. Ebenso bei allen anderen Szenarien. Damit sollten Sie locker etwa 40 Jahre lang auskommen, bis das gesamte Kapital aufgebraucht ist.

Schlussendlich liegt es jedoch absolut an Ihnen, wie viel sie davon tatsächlich auch verbrauchen wollen (bzw. müssen). Wenn Sie vorzeitig in den Ruhestand gehen und beispielsweise zehn Jahre bis zum Erhalt Ihrer gesetzlichen Rente bzw. Ihrer Pension überbrücken müssen, dann können Sie in dieser Zeit etwas mehr entnehmen und danach die Auszahlungen reduzieren, um länger davon leben zu können. Falls Sie sich bereits andere passive Einkommensquellen geschaffen haben und sich nur auf die Zinszahlungen als kleines Extra konzentrieren wollen – umso besser.

Wie zuvor schon in diesem Büchlein beschrieben, ist der Weg in die finanzielle Unabhängigkeit bzw. in einen Ruhestand in Wohlstand immer eine sehr individuelle Sache. Nicht jeder hat beispielsweise 500 Euro im Monat übrig, die so investiert werden können wie in diesen Beispielen. Doch mir geht es vor allem darum, Ihnen verständlich zu machen, wie wichtig die Faktoren Zinseszins (zur Kapitalvermehrung) und Inflation (zur Erhaltung der Kaufkraft) sind.

Worte zum Schluss

Das Leben ist zu kurz, um es nicht zu genießen. Doch ohne ausreichende Finanzmittel ist es schwierig, das Leben zu genießen. Seien Sie kreativ, seien Sie mutig und mit einer guten Mischung aus Sparsamkeit (verwechseln Sie das bitte nicht mit Geizigkeit) und dem Willen zur Leistung können Sie sich eine gute Basis schaffen.

Egal ob Sie nun für einen vorgezogenen Ruhestand, ein sicheres Auskommen im Alter, oder auch nur für eine allgemeine Aufbesserung Ihres Budgets interessieren - es gibt so viele Möglichkeiten auf dieser Welt. So individuell wie die Menschen und ihre Wünsche sind, so unterschiedlich sind auch die Lösungsansätze, um die gesteckten Ziele zu erreichen.

Motivieren Sie sich selbst dazu, anstelle von Netflix-Serienmarathons am Wochenende doch etwas Produktives und Sinnvolles zu tun. Etwas, das Ihnen dabei hilft, ein besseres Leben zu haben. Arbeiten Sie ein paar Jahre lang hart, nutzen Sie alle sich bietenden Möglichkeiten und Sie werden sehen, dass sich das – im wahrsten Sinne des Wortes – auszahlt. In den jungen Jahren hat man noch die Energie dafür. Deshalb ist es umso wichtiger, dass Sie auch Ihren Kindern (wenn Sie welche haben) diese Tugenden beibringen.

Wir alle wissen, dass die heutigen jüngeren Generationen es deutlich schwieriger damit haben, sich selbst einen gewissen Wohlstand aufzubauen als es die

Nachkriegsgenerationen hatten. Wer kann sich heute noch einen Kredit für ein Eigenheim leisten, wenn die Immobilienpreise so hoch sind? Insbesondere in Zeiten, in denen auch Lebensmittel und Energie so teuer werden. Da bleibt nicht mehr viel Geld übrig, welches gespart und investiert werden kann. Deshalb sind zusätzliche Einnahmequellen umso wichtiger.

Haben Sie Träume, haben Sie Ziele. Das ist wichtig. Doch noch wichtiger ist es, alles Erdenkliche dafür zu tun, dass Sie diese auch verwirklichen können. Finanzielle Freiheit kommt nicht vom Nichts tun. Motivieren Sie sich mit schaffbaren Zwischenzielen und belohnen Sie sich auch immer wieder einmal selbst.

Auf jeden Fall wünsche ich Ihnen das Beste für Ihre Zukunft. Machen Sie etwas daraus. Und ich hoffe, dass Ihnen meine Tipps, Hinweise und Ideen dabei geholfen haben. Wenn dem so ist, empfehlen Sie doch dieses Büchlein weiter oder schenken Sie ein Exemplar an einen Freund, der dies gut gebrauchen kann. Vielen Dank!

Herzlichst, Ihr

Michael Steiner